auch aus Stamberg.
anständigen Frühstück auf dem Zimme
tungen widmete Van Veeteren sich eine vo
lang dem Material, das er in Sorbinowos
überlegte

JOD + FLUORID

Impressum

Band 3 der Reihe „Schau, so geht das!“
Velber-Verlag

3. Auflage 2008

Illustrationen: Detlef Kersten
Coverfoto: Christoph Schmotz
Experimente-Fotos: Christoph Schmotz (9, 11, 13, 15, 17, 19, 21, 23, 25, 27, 29, 31, 33, 35, 37, 39, 41, 43, 45)
sonstige Fotos: Elke Fox (30); EyeWire (26); Hans-Hass-Archiv HIST (34); Thomas Herkert (18); NOAA (24, 28); Photodisc (36, 40); istockphoto.com (8, 10, 16, 20, 22, 32, 38, 44); Michael Rhode (12, 14, 42)

Text und Redaktion: Ulrike Berger
Layout: Anja Schmidt
Druck und Bindung: ADM GmbH, Italien

ISBN 978-3-86613-265-8

velber

Die Wasser-Werkstatt

Spannende Experimente rund um Eis und Wasser

Inhalt

Die Wunder der Welt

Viele spannende Experimente rund um das nasse Element Wasser warten in diesem Buch auf euch. Was ihr dafür braucht, gibt es in fast jedem Haushalt. Manche Experimente könnt ihr alleine durchführen, andere gehen leichter, wenn euch jemand hilft. Und so manches Experiment solltet ihr besser am Waschbecken ausführen, damit es keine ungeplante Überschwemmung gibt ...

Falls ein Experiment nicht sofort gelingt: Nicht den Mut verlieren! Einfach probieren, bis es klappt. Forscher brauchen Geduld. Doch es lohnt sich, denn bei jedem Experiment werdet ihr ein wenig mehr von den großen Wundern dieser Welt verstehen!

Der Wasserberg

Du brauchst:
- ein Glas mit Wasser
- viele Münzen

Fülle das Glas bis zum Rand mit Wasser. Nun lasse ganz langsam eine Münze nach der anderen in das Glas gleiten.

Was passiert?
Die winzigen Wasserteilchen kleben an der Oberfläche des Wassers ganz fest zusammen. So fest, dass sie sich wie ein dichtes Netz über das Wasser darunter spannen. Diese „Haut“ ist so stark, dass das Wasser darunter nicht über den Rand hinausfließen kann. Deswegen wölbt sich das Wasser langsam wie ein Berg über dem Glas.

Eine „Arschbombe“!

Hast du im Schwimmbad schon einmal eine „Arschbombe“ gemacht? Das klatscht deswegen so, weil du mit viel Schwung auf die Wasserhaut triffst. Durch die Kraft deines Aufpralls zerreißt diese Haut – das ist ganz schön laut!

Das Rennen der Wassertiere

Du brauchst:
- eine Schale mit Wasser
- Spülmittel
- Büroklammern
- Alufolie

Wickle eine Büroklammer in ein kleines Stück Alufolie ein und forme kleine Beinchen. Setze dein Wasserinsekt vorsichtig auf die Wasser-Oberfläche. Gib nun einen Tropfen Spülmittel direkt hinter das Insekt. Wenn du den Versuch wiederholen willst, brauchst du frisches Wasser.

Was passiert?
Dort, wo das Spülmittel auf das Wasser trifft, reißt die Wasserhaut auf. Blitzschnell schießen die Alutierchen mit dem Riss über das Wasser!

Wie rennt der Wasserläufer?

Hast du einmal Wasserläufer an einem Teich beobachtet? Sie können auf dem Wasser laufen – und schießen manchmal blitzschnell vorwärts. Aus ihrem Hinterteil geben sie einen kleinen Tropfen einer seifenähnlichen Flüssigkeit auf die Wasseroberfläche. Die Haut des Wassers reißt genau an dieser Stelle auf – und schießt so den Wasserläufer nach vorne!

Hygiene
ULTRA

Der dichte Strumpf

Du brauchst:
- einen Nylonstrumpf
- ein Glas mit Wasser

Ziehe den Strumpf fest über das Wasserglas. Dann drehst du das Glas über einem Waschbecken um.

Was passiert?
Die kleinen Wasserteilchen halten so fest zusammen, dass sie nicht einzeln durch die Löcher des Strumpfes schlüpfen können. Erst wenn du den Strumpf berührst, bleiben ein paar Wasserteilchen an deinem Finger hängen – und ziehen noch mehr Wasser hinter sich her.

Warum hält ein Zelt dicht?

Ein Zelt ist aus feinstem Gewebe aufgebaut. Wenn es gespannt ist, wird kein Wasser hindurchlaufen. Aber wehe, du berührst die Zelthaut von innen. Sofort dringt Wasser hinein!

Ein Knoten aus Wasser

Du brauchst:

- eine Dose
- eine Prickelnadel
  (oder einen dicken Nagel)

Stich in die leere Dose einen Zentimeter über dem unteren Rand ein Loch. Lass dir dabei helfen! 2,5 Zentimeter daneben kommt das zweite Loch. Dann stichst du ein Loch genau in die Mitte zwischen beide Löcher und jeweils noch einmal dazwischen, bis du fünf Löcher dicht nebeneinander hast. Stelle die Dose unter einen offenen Wasserhahn. Es kommt aus jedem Loch ein Strahl. Jetzt streiche mit dem Finger über die Löcher.

Was passiert?

Die Wasserteilchen bleiben aneinander kleben – die fünf Strahlen vereinen sich zu einem Knoten!

Warum sind Tropfen rund?

Die vielen winzigen Wasserteilchen ziehen sich wie Magneten gegenseitig an. Wenn sie einmal beieinander waren, wollen sie sich nie mehr loslassen. Das führt zur so genannten Oberflächenspannung des Wassers – der „Haut“ des Wassers. Diese Haut ist auch der Grund dafür, dass Wassertropfen rund sind.

Erfrischungsgetränk
mit Zitronengeschmack
Zutaten: Wasser, Zucker,
Kohlensäure, Säuerungsmittel
Citronensäure, Aroma,
Säureregulator Natriumcitrate.
Mit Genehmigung von
© 2003
Line 0201/8212121
Mindestens
haltbar
bis Ende:
siehe
Dosenboden
FE
0,33 Liter

Eine Wasserlupe

Du brauchst:
- eine Postkarte
- durchsichtige Folie
- Klebeband

Schneide aus der Postkarte eine Lupenform. In die Mitte schneidest du ein Loch. Über das Loch klebst du eine Folie und ziehst sie glatt. Lass vorsichtig mehrere Wassertropfen auf dieses Loch fallen, bis sich ein kleiner Wasserberg bildet. Schau dir nun eine Zeitung durch den Wassertropfen an.

Was passiert?

Der Tropfen ist geformt wie ein Vergrößerungsglas. Plötzlich sehen alle Buchstaben größer aus!

Blumengießen verboten!

Weil Wassertropfen wie Vergrößerungslinsen wirken, darf man im Sommer tagsüber bei strahlendem Sonnenschein nicht gießen. Denn die Blätter, auf denen die Tropfen landen, werden durch diese „Wasserlupen" von der Sonne sonst richtig verbrannt!

von Münster als auch aus Stamberg.
eingetroffen. Sowohl
Nach einem anständigen Frühstück auf dem Zimmer mit
zwei Tageszeitungen widmete Van Veeteren sich eine vormit-
tägliche Stunde lang dem Material, das er in Sorbinowos Po-
lizeirevier sitzend, durchging
Gleichzeitig überlegte
Soweit überhaupt
Auge hatte er nach
sollte.
schwangere Ehefra
würde.
Nacht etwas
er Hauptkom
gewandert
Polizeichef M
erträglich sein
in Pardon, trotz
Das Reine Leben nu
r konnte man geteilter
r Jellinek war 1942 in Groenstad
gie studiert und 1971 seine Priesterp
. Er war als Seelsorger und Hilfspredig
zend verschiedener Orte tätig gewesen,
984 lossagte und die freie Gemeinde (die
Das Reine Leben gründete. Mit dem Haupts

Das magische Ei

Du brauchst:
- ein Glas mit Wasser
- ein frisches Ei
- Salz

Rolle das Ei vorsichtig in ein Glas mit Wasser. Noch liegt das Ei auf dem Boden des Glases. Schütte nun eine Hand voll Salz ins Glas und warte einen Moment.

Was passiert?
Wenn du Salz in Wasser löst, wird das Wasser schwerer. Deswegen sinken Gegenstände, die auf dem Wasser liegen, nicht mehr so leicht ein. Da das salzige Wasser in deinem Glas schwerer ist als das Ei, schwimmt das Ei oben auf dem Wasser!

Das tote Meer

Das Tote Meer ist sehr salzhaltig. Deswegen kann man dort auf der Oberfläche treiben, ohne paddeln zu müssen! Auch in der salzigen Nordsee kannst du leichter schwimmen als auf dem Süßwasser-Bodensee.

SALZ
JOD + FLUORID

Das kletternde Wasser

Du brauchst:

- zwei Gefäße
- einen Plastikschlauch (Baumarkt)

Stelle die Gefäße verschieden hoch nebeneinander. Fülle das obere Gefäß mit Wasser. Halte den Schlauch hinein und sauge daran, bis etwas Wasser kommt. Verschließe den Schlauch schnell mit dem Daumen und halte dieses Ende in das andere Gefäß. Jetzt nimm den Daumen vom Schlauch.

Was passiert?

Das Wasser steigt im Schlauch nach oben! Denn das Wasser am unteren Ende des Schlauches zieht das Wasser aus dem oberen Gefäß hinterher – selbst wenn es dabei erst nach oben steigen muss!

Wie wechselt man das Wasser im Aquarium?

Wer ein Aquarium besitzt, muss von Zeit zu Zeit altes Wasser herauslassen und neues hineingießen. Dazu nutzt man genau diesen Trick vom kletternden Wasser: Man steckt einen Schlauch ins Aquarium, saugt etwas Wasser an, stellt einen Eimer daneben – und lässt das Wasser einfach hinausklettern!

Der wandernde Draht

Du brauchst:

- Eiswürfel
- eine Flasche mit Korken
- einen dünnen Draht
- zwei Tassen

Lege den Eiswürfel auf die Flasche. Befestige an dem Draht zwei gleich schwere Gegenstände – vielleicht zwei Tassen. Dann hängst du den Draht über den Eiswürfel und stellst das Ganze möglichst bei Frost ins Freie.

Was passiert?

Durch den Druck der Gewichte schmilzt das Eis unter dem Draht. Daher sinkt der Draht tiefer in das Eis hinein. Gleich über dem Draht gefriert das Eis wieder – der Draht wandert durch den Eiswürfel!

Warum können wir Schlittschuh laufen?

Wasser hat eine seltsame Eigenschaft: Bei höherem Druck schmilzt das Eis. Keine andere Flüssigkeit verhält sich so! Wir können also nur auf Wasser-Eis Schlittschuh laufen. Durch unser Gewicht schmilzt für einen ganz kurzen Moment das Eis unter den Kufen. Auf diesem Wasserfilm können wir gleiten.

Ein Eiswürfelkran

Du brauchst:
- ein Glas mit Wasser
- einen Eiswürfel
- Bindfaden
- Salz

Fülle das Glas fast randvoll mit Wasser und lasse den Eiswürfel hineingleiten. Lege quer über das Glas einen Bindfaden. Achte darauf, dass der Faden auf dem Eiswürfel liegt! Nun streust du etwas Salz auf den Eiswürfel und wartest 30 Sekunden ab. Dann hebst du vorsichtig den Bindfaden hoch.

Was passiert?
Das Salz lässt ein wenig Eis schmelzen. Das geschmolzene Salzwasser fließt ins Glas zurück. Nun kann das salzfreie Wasser am Eiswürfel gefrieren. Der Bindfaden klebt im Eis fest und du kannst ihn hochheben!

Nur Süßwasser gefriert!

Nur Wasser ohne Salz darin kann zu Eis werden! Deswegen sind alle Eisberge reines Süßwasser – auch wenn sie auf salzigem Wasser treiben. Die Eismassen vor allem des Südpols sind die größten Süßwasservorräte unserer Erde!

JODSALZ
mit Fluorid
500 g

Das Rätsel der Eisberge

Du brauchst:

- Wasserbomben (kleine Luftballons)
- ein großes Gefäß mit Wasser

Fülle einige Wasserbomben mit Wasser und friere sie ein. Dann befreist du die Eisbomben aus dem Gummi und lässt sie in das Gefäß mit Wasser gleiten.

Was passiert?

Die großen Eisbomben schwimmen! Der Großteil des Eises ist allerdings unter dem Wasser, nur wenig ragt heraus.
So eine Eisbombe ist übrigens ein toller Gag für den Getränkekrug einer Sommer-Party!

Gefährliche Eisberge

Wasser hat noch eine seltsame Eigenschaft: Wenn es gefriert, wird es leichter. Deswegen schwimmen Eisberge auf dem Wasser. Weil der Großteil des Eisbergs jedoch unter der Wasseroberfläche ist, kann das für die vorbeifahrenden Schiffe zum Verhängnis werden.

Ein U-Boot aus Orangen

Du brauchst:
- eine frische Orange
- eine Flasche mit Wasser
- einen Korken

Schneide aus einem Stück Orangenschale ein kleines U-Boot und setze es in die voll gefüllte Wasserflasche. Nun verschließt du sie mit einem Korken. Drücke langsam den Korken immer tiefer in die Flasche hinein.

Was passiert?
Durch den Druck steigen plötzlich kleine Bläschen aus der Orangenschale auf und das U-Boot beginnt zu sinken. Wenn du den Korken herausziehst, steigt das Boot wieder auf.

Die Tricks der Fische

Die meisten Fische besitzen eine mit Luft gefüllte Blase: die Schwimmblase. In diese lassen sie gerade so viel Luft hinein, dass sie im Wasser schweben können. Wollen sie tiefer, lassen sie Luft hinaus.
Haie haben keine Schwimmblase. Sie müssen sich immer bewegen, sonst sinken sie auf den Grund.

Das klebrige Wasser

Du brauchst:
• zwei Glasscheiben oder Spiegel

Gib einige Tropfen Wasser auf einen Spiegel. Drücke den zweiten dagegen. Nun versuche, die beiden Scheiben auseinander zu ziehen.

Was passiert?
Unter einem Mikroskop siehst du, dass die beiden Scheiben nicht wirklich dicht aufeinander liegen. Wenn du aber Wasser zwischen die Scheiben gibst, füllt es alle Lücken. Die Verbindung wird so stark, dass die Platten aneinander kleben – nur mit Wasser! So lange jedenfalls, bis das Wasser verdunstet ist.

Warum klebt Klebstoff?

Klebstoff wirkt wie Wasser, er verdunstet aber nicht. Denn er wird an der Luft hart. Und so bleibt die dichte Verbindung zwischen zwei Gegenständen bestehen.

Die Erbsen-Sprengung

Du brauchst:

- trockene Erbsen oder Linsen
- Gips
- einen Plastikbecher

Fülle den Plastikbecher zu einem Drittel mit Wasser. Dann gibst du so lange Gipspulver hinein, bis sich ein kleiner Gipsberg gebildet hat. Rühre kurz um und streue sofort eine Handvoll Erbsen oder Linsen hinein.

Was passiert?

Der Gips wird hart. Die Erbsen haben sich jedoch mit Wasser voll gesogen und quellen auf. Mit großer Kraft drücken sie sich durch den harten Gips hindurch – und der Becher platzt!

Die Sprengkraft von Wasser

Die große Sprengkraft des Wassers wird in Steinbrüchen ausgenutzt. Zunächst wird ein Stein mit der Säge angeritzt. Mit einem Hammer werden Holzkeile in den Spalt getrieben und mit Wasser aufgeschwemmt. Nach einiger Zeit bricht der Stein auseinander!

ellgips
ür
Hobby
Pla
1,5 kg
Füllen · Fo
Boucher · M
Otturare · Mo
Grüne
Erbsen
für die traditionelle
Küche
Bio
aus kontrolliert biologischem Anbau

Ein trockener Taucher

Du brauchst:

- ein Glas
- eine Schüssel mit Wasser
- Seidenpapier

Knülle ein Blatt Seidenpapier zusammen und stecke es in das Glas. Dann tauchst du das Glas mit dem Papier darin mit der Öffnung nach unten senkrecht in eine Wasserschüssel. Nimm das Glas wieder aus dem Wasser und ziehe das Papier heraus.

Was passiert?

Das Glas enthält nicht nur Papier, sondern auch Luft. Wasser kann daher nicht in das Glas eindringen, weil das Glas schon durch die Luft besetzt ist. Das Papier bleibt trocken!

Taucherglocken

Hans Hass, einer der Pioniere der Unterwasser-Fotografie, tauchte mit einer „Taucherglocke“ auf dem Kopf. In diesem Helm war Luft eingeschlossen. Daher konnte von unten kein Wasser hineindringen und er konnte atmen. Von der Oberfläche kam durch einen Schlauch frische Luft.

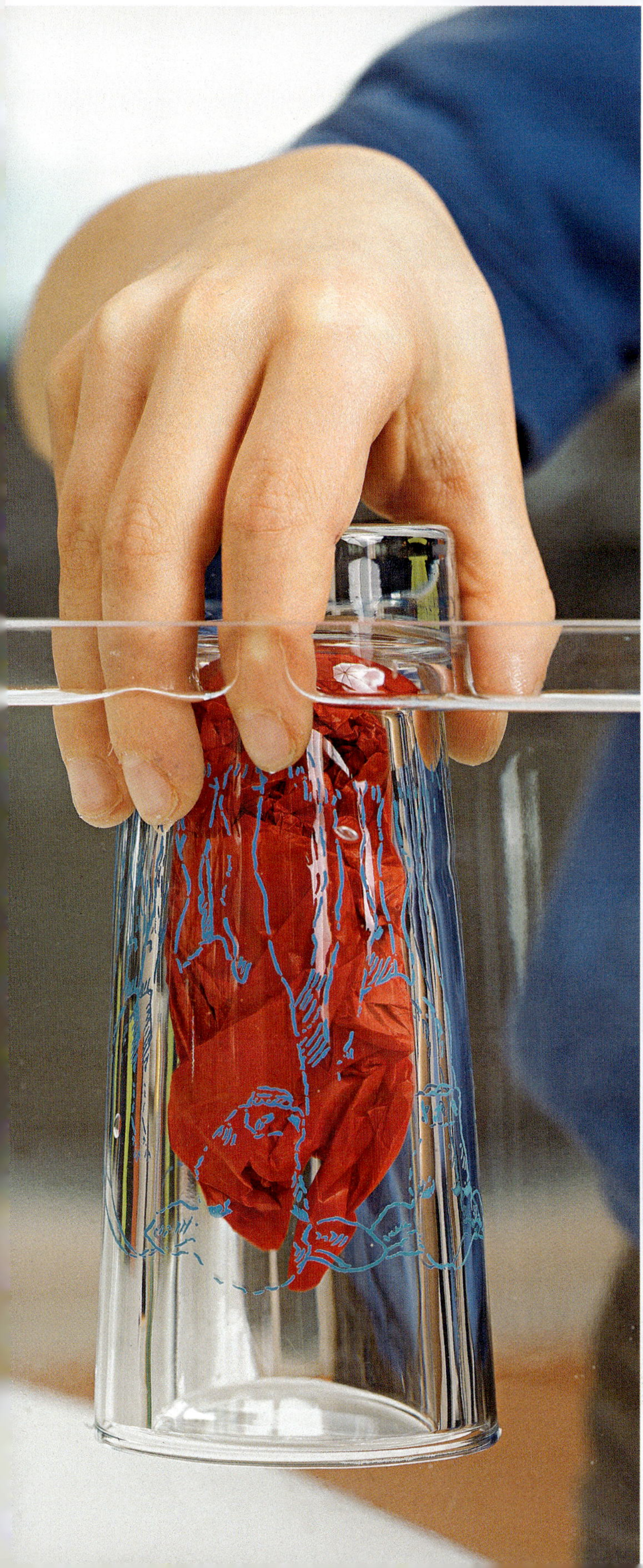

Der Druck aus der Flasche

Du brauchst:
- eine Kunststoffflasche
- eine Prickelnadel
  (oder einen dicken Nagel)

Stich drei Löcher in großem Abstand in die Kunststoffflasche. Stelle die Flasche ins Spülbecken. Dann füllst du Wasser in die Flasche.

Was passiert?
Durch den Druck des Wasser spritzt das Wasser aus allen Löchern gleichzeitig heraus. Aber oben ist der Strahl am kürzesten, unten am weitesten. Denn je tiefer das Loch ist, desto stärker ist dort der Wasserdruck.

Der Druck auf den Ohren

Das kennst du bestimmt vom Schwimmbad: Wenn du ganz tief tauchst, drückt es dir viel kräftiger auf deine Ohren als oben an der Oberfläche.

Eine große Menge Nichts

Du brauchst:
- ein Glas mit Wasser
- Salz oder Zucker

Fülle das Glas randvoll mit Wasser. Füge Salz hinzu und rühre vorsichtig um. Wie viel Salz wird hineinpassen, bis es überläuft?

Was passiert?
Wasser besteht zum großen Teil aus – nichts! Daher ist zwischen den einzelnen Wasserteilchen eine Menge Platz: Es passt viel mehr Salz dazwischen, als du gedacht hättest!

Wie werden Nährstoffe im Körper transportiert?

Unser Blut besteht zum größten Teil aus Wasser. Und Wasser ist das beste Transportmittel, das es auf der Welt gibt! Denn es kann in seinen Löchern haufenweise Nährstoffe durch unseren Körper transportieren und bringt viele Schadstoffe weg – ohne dass es „mehr“ wird!

JODSALZ
mit Fluorid
500g

Das Riesen-Ei

Du brauchst:

- ein rohes Ei
- ein Glas mit Essig
- ein Glas mit Wasser

Lege das rohe Ei in Essig, bis sich die Schale aufgelöst hat. Beginne damit am besten am Vormittag und wechsle nach einigen Stunden den Essig aus. Dann legst du das „Gummi-Ei“ in das Glas mit Wasser.

Was passiert?

Das Wasser dringt durch feinste Löcher in das Ei ein. Die Löcher sind so klein, dass sie nur Wasser hineinlassen, aber kein Eiweiß hinaus kann! Das Ei wächst …

Wie gelangt das Wasser bis in unsere Fingerspitzen?

Wenn wir trinken, muss das Wasser aus unserem Magen bis in die Fingerzellen gelangen. Auch hier dringt es einfach von den Blutgefäßen aus durch die Wände der Zellen hindurch.

Wein-Branntwein
Essig

Blühende Papierblumen

Du brauchst:
- buntes Papier
- einen Teller mit Wasser

Schneide aus Papier kleine Papierblumen, wie sie auf dem Foto zu sehen sind. Falte sie zusammen und setze sie auf das Wasser.

Was passiert?
Papier besteht aus Holzfasern. Wenn Papier nass wird, quellen diese Fasern auf. Und geknickte Fasern richten sich, wenn sie aufquellen, auf. Deswegen öffnen sich deine Blüten nach kürzester Zeit.

Die Türe klemmt!

Wenn es draußen längere Zeit feucht ist, beginnen Holztüren manchmal zu klemmen. Denn das Holz nimmt die Feuchtigkeit auf und beginnt aufzuquellen: Die Türe verzieht sich.

Das Wasser am Spiegel

Du brauchst:
- einen Spiegel oder eine Glasscheibe

Lege den Spiegel für einige Zeit in das Eisfach. Hole ihn heraus und hauche ihn an.

Was passiert?
Dein warmer Atem enthält viel Wasserdampf. Wenn dein Atem auf die kalte Scheibe trifft, kühlt er ab. Der Wasserdampf verwandelt sich sofort in gut sichtbare Wassertröpfchen: Der Spiegel beschlägt.

Warum braucht das Kamel wenig Wasser?

Kamele haben eine ganz besondere Nase. Sie atmen fast keinen Wasserdampf aus: Ihr Atem ist völlig trocken. Auf diese Weise verliert ihr Körper wenig Wasser und sie müssen nicht so schnell wieder trinken.

Nach dem Auftauen nicht
wieder einfrieren!
12

In der Reihe „Schau, so geht das!“
sind bereits folgende Titel erschienen:

Die Klima-Werkstatt
Spannende Experimente
rund um Klima und Wetter

ISBN 978-3-86613-258-0

Die Licht-Werkstatt
Spannende Experimente
rund um Licht und Farben

ISBN 978-3-86613-259-7

Die Wasser-Werkstatt
Spannende Experimente
rund um Eis und Wasser

ISBN 978-3-86613-265-8

Die Hör-Werkstatt
Spannende Experimente
mit Klängen und Geräuschen

ISBN 978-3-86613-266-5

Die Kräfte-Werkstatt
Spannende Experimente
mit Kraft und Gleichgewicht

ISBN 978-3-89858-267-4

Die Sand-Werkstatt
Spannende Experimente
mit Sand und Wasser

ISBN 978-3-86613-268-9

Die Sinnes-Werkstatt
Spannende Experimente
mit Auge, Hand und Ohr

ISBN 978-3-86613-281-8